汽车车身修复系列课程教材
项目驱动、任务引领型教材

QI CHE BAN JIN JI CHU

汽车钣金基础
学习工作页

组编　上海景皇科技有限公司
主编　陈昭仁　黄建铭

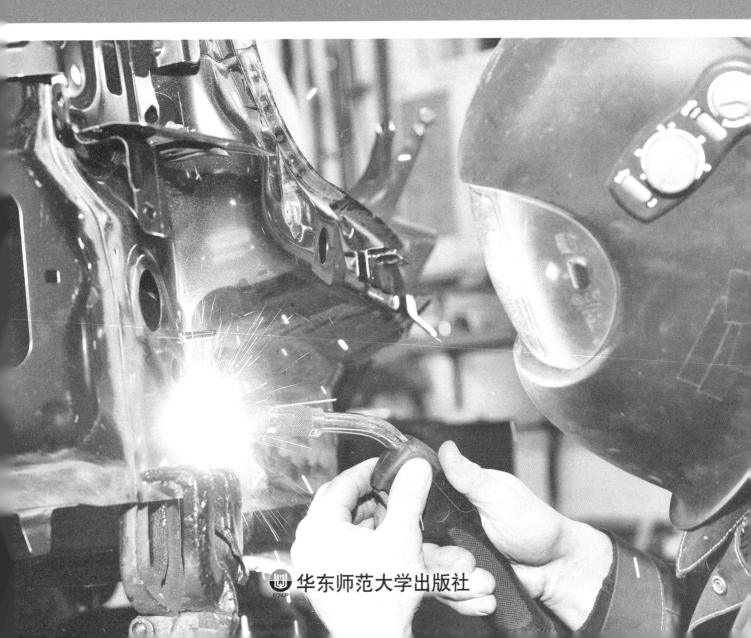

华东师范大学出版社

图书在版编目（CIP）数据

汽车钣金基础学习工作页/上海景皇科技有限公司组编；陈昭仁，黄建铭主编.—上海：华东师范大学出版社，2019
ISBN 978-7-5675-9144-8

Ⅰ.①汽… Ⅱ.①上…②陈…③黄… Ⅲ.①汽车-钣金工-职业教育-教材 Ⅳ.①U472.4

中国版本图书馆CIP数据核字(2019)第081274号

汽车钣金基础学习工作页

组　编　上海景皇科技有限公司
主　编　陈昭仁　黄建铭
项目编辑　李　琴
特约审读　李秋月
责任校对　郭　琳
装帧设计　庄玉侠

出版发行　华东师范大学出版社
社　址　上海市中山北路3663号 邮编 200062
网　址　www.ecnupress.com.cn
电　话　021-60821666 行政传真 021-62572105
客服电话　021-62865537 门市（邮购）电话 021-62869887
地　址　上海市中山北路3663号华东师范大学校内先锋路口
网　店　http://hdsdcbs.tmall.com

印 刷 者　上海盛隆印务有限公司
开　本　890×1240 16开
印　张　4.75
字　数　129千字
版　次　2019年7月第1版
印　次　2019年7月第1次
书　号　ISBN 978-7-5675-9144-8/G.12053
定　价　19.00元

出版人　王　焰

（如发现本版图书有印订质量问题，请寄回本社客服中心调换或电话021-62865537联系）

前言

随着汽车消费日益普及，消费者对汽车产品的环保、美观等性能有了更高的要求。因此，汽车车身也逐步在新材料、新工艺、新技术的应用上有了更多尝试。这些变化给现代汽车车身维修带来了新的挑战。经编者、行业专家共同探讨及市场调研后，我们整合行业维修标准、厂家相关规范、专业培训经验，基于理实一体、知行合一理念编写了一套能对接汽车行业所需人才必备技能的"项目驱动、任务引领"型教材。

本书是基于《汽车钣金基础》教材而开发的配套用书，让学生在学习汽车钣金相关知识的同时使用该书进行任务性的实操练习。从基础的汽车车身结构认识、汽车材料等知识，到车身发生碰撞后车身的不同损伤程度：小损伤修复、中度损伤结构件修复、大事故车的修复等都有相应的理论知识试题和实操性任务，通过试题让学生巩固理论知识，通过实操性任务让学生加强实际动手操作能力。

本书与《汽车钣金基础》教材内容对应，包含"现代汽车车身结构设计"、"钣金工位布局及基本工具设备"、"车身损伤诊断技巧"、"外板件损伤修复"、"车身板件更换工艺"和"车身测量与校正"6个项目。每个项目下面设有若干任务，包含"任务描述"、"学习目标"、"学习准备"和"任务实施"四个模块。任务设置"贴合企业生产、迎合竞赛元素"，让学生可以学有所用，既能满足实际岗位需求，又能对接技能大赛竞赛要求。

为进一步提高本书质量，欢迎广大读者和专家对本书提出宝贵的意见和建议。

编 者

2019年6月

目 录

项目一　现代汽车车身结构设计 ……………………………………………………… 1

学习任务一　现代汽车车身结构 ……………………………………………… 1
　　一、任务描述 ………………………………………………………………… 1
　　二、学习目标 ………………………………………………………………… 1
　　三、学习准备 ………………………………………………………………… 1
　　　　（一）知识准备 …………………………………………………………… 1
　　　　（二）学习工具准备 ……………………………………………………… 3
　　四、任务实施 ………………………………………………………………… 3

学习任务二　汽车车身材料 …………………………………………………… 5
　　一、任务描述 ………………………………………………………………… 5
　　二、学习目标 ………………………………………………………………… 5
　　三、学习准备 ………………………………………………………………… 5
　　　　（一）知识准备 …………………………………………………………… 5
　　　　（二）学习工具准备 ……………………………………………………… 6
　　四、任务实施 ………………………………………………………………… 6

学习任务三　车身板件连接方式 ……………………………………………… 8
　　一、任务描述 ………………………………………………………………… 8
　　二、学习目标 ………………………………………………………………… 8
　　三、学习准备 ………………………………………………………………… 8
　　　　（一）知识准备 …………………………………………………………… 8
　　　　（二）学习工具准备 ……………………………………………………… 9

项目二　钣金工位布局及基本工具设备 ………………………………………………… 10

学习任务一　钣金工位布局 …………………………………………………… 10
　　一、任务描述 ………………………………………………………………… 10
　　二、学习目标 ………………………………………………………………… 10
　　三、学习准备 ………………………………………………………………… 10
　　　　（一）知识准备 …………………………………………………………… 10

（二）学习工具准备 ··· 11
　　四、任务实施 ··· 11
　学习任务二　车身维修工具设备 ··· 13
　　一、任务描述 ··· 13
　　二、学习目标 ··· 13
　　三、学习准备 ··· 13
　　　（一）知识准备 ··· 13
　　　（二）学习工具准备 ··· 15
　　四、任务实施 ··· 15

项目三　车身损伤诊断技巧 ··· 18

　学习任务一　撞击效用理论 ··· 18
　　一、任务描述 ··· 18
　　二、学习目标 ··· 18
　　三、学习准备 ··· 18
　　　（一）知识准备 ··· 18
　　　（二）学习工具准备 ··· 19
　学习任务二　车身损伤形式 ··· 20
　　一、任务描述 ··· 20
　　二、学习目标 ··· 20
　　三、学习准备 ··· 20
　　　（一）知识准备 ··· 20
　　　（二）学习工具准备 ··· 21
　　四、任务实施 ··· 22
　学习任务三　损伤诊断技巧 ··· 23
　　一、任务描述 ··· 23
　　二、学习目标 ··· 23
　　三、学习准备 ··· 23
　　　（一）知识准备 ··· 23
　　　（二）学习工具准备 ··· 24
　　四、任务实施 ··· 24

项目四　外板件损伤修复 ··· 26

　学习任务一　外板件损伤修复作业流程 ··· 26
　　一、任务描述 ··· 26
　　二、学习目标 ··· 26
　　三、学习准备 ··· 26
　　　（一）知识准备 ··· 26

（二）学习工具准备 ·· 28
　四、任务实施 ··· 28

学习任务二　外板件整平作业技巧 ································ 37
　一、任务描述 ··· 37
　二、学习目标 ··· 37
　三、学习准备 ··· 37
　　（一）知识准备 ·· 37
　　（二）学习工具准备 ·· 38
　四、任务实施 ··· 38

学习任务三　车身防腐 ·· 42
　一、任务描述 ··· 42
　二、学习目标 ··· 42
　三、学习准备 ··· 42
　　（一）知识准备 ·· 42
　　（二）学习工具准备 ·· 43
　四、任务实施 ··· 43

项目五　车身板件更换工艺 ······································ 45

学习任务一　车身板件分离、切割 ·································· 45
　一、任务描述 ··· 45
　二、学习目标 ··· 45
　三、学习准备 ··· 45
　　（一）知识准备 ·· 45
　　（二）学习工具准备 ·· 46
　四、任务实施 ··· 47

学习任务二　电阻点焊的运用 ···································· 48
　一、任务描述 ··· 48
　二、学习目标 ··· 48
　三、学习准备 ··· 48
　　（一）知识准备 ·· 48
　　（二）学习工具准备 ·· 50
　四、任务实施 ··· 51

学习任务三　惰性气体保护焊的运用 ································ 52
　一、任务描述 ··· 52
　二、学习目标 ··· 52
　三、学习准备 ··· 52
　　（一）知识准备 ·· 52
　　（二）学习工具准备 ·· 53
　四、任务实施 ··· 54

项目六　车身测量与校正 ··· 56

　　学习任务一　车身损伤测量 ··· 56

　　　　一、任务描述 ··· 56

　　　　二、学习目标 ··· 56

　　　　三、学习准备 ··· 56

　　　　　　（一）知识准备 ··· 56

　　　　　　（二）学习工具准备 ··· 57

　　　　四、任务实施 ··· 57

　　学习任务二　车身损伤校正 ··· 63

　　　　一、任务描述 ··· 63

　　　　二、学习目标 ··· 63

　　　　三、学习准备 ··· 63

　　　　　　（一）知识准备 ··· 63

　　　　　　（二）学习工具准备 ··· 64

　　　　四、任务实施 ··· 64

项目一　现代汽车车身结构设计

学习任务一　现代汽车车身结构

一、任务描述

在学习汽车钣金维修作业前首先需要学习车身结构基础知识，车身指构成车身整体的各个部件的布置形式以及部件之间装配的方式。按车身承受负荷的方式，车身结构可分为：承载式和非承载式车身两种类型，现代轿车车身主要为承载式车身结构，也有的将承载式车身称为整体式车身。

二、学习目标

完成本次学习任务后，你应当能：
1. 了解车身结构分类。
2. 了解承载式车身和非承载式车身的优缺点。
3. 掌握车身各组成部分名称。

三、学习准备

（一）知识准备

通过对《汽车钣金基础》"项目一　现代汽车车身结构设计"理论基础的学习，完成下面有关内容：

一、选择题

1. 前翼子板在更换后需进行间隙调整，分别是调整翼子板与车门、翼子板与发动机舱罩、翼子板与前保险杠和翼子板与（　　）的间隙。
   A. 风窗玻璃　　　　　　　　B. 前纵梁　　　　　　　　C. 前照灯
2. 行李箱盖安装时需要进行间隙调整，哪个间隙是不需要调整的？（　　）
   A. 后侧围板　　　　　　　　B. 后保险杠　　　　　　　C. 后车门
3. 普通轿车和微型轿车广泛采用（　　）车身。
   A. 非承载式　　　　　　　　B. 半承载式　　　　　　　C. 承载式
4. 当受到严重碰撞时，（　　）车身具有抵抗菱形和扭曲破坏的能力。
   A. 非承载式
   B. 承载式
   C. 非承载式和承载式
5. 汽车前纵梁与（　　）焊接在一起。
   A. 挡泥板　　　　　　　　　B. 前横梁　　　　　　　　C. 翼子板
6. 承载式车身上没有吸能区设计的部件有（　　）。
   A. 前纵梁　　　　　　　　　B. 中立柱　　　　　　　　C. 车顶板

二、填空题

1. 根据下面图示的车身承载方式种类，完成填空。

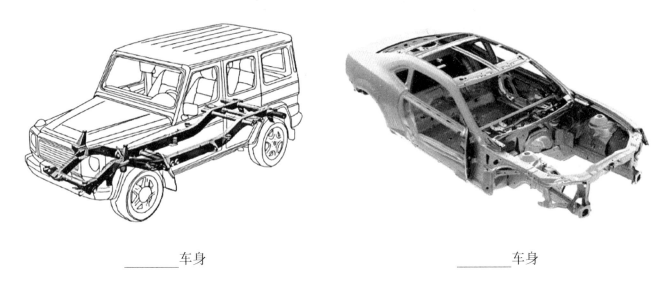

_____车身　　　　　　　　　_____车身

2. 识得下列汽车覆盖件名称。

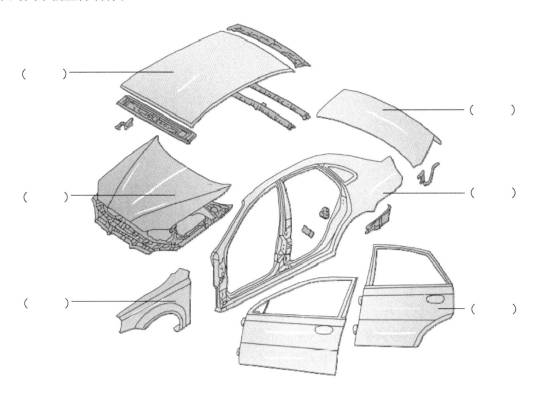

3. 承载式车身的前立柱、中立柱、门槛板、车顶纵梁等部位是由_____层板件组成的。

三、判断题

1. 翼子板的作用是在汽车行驶过程中，防止被车轮卷起的砂石、泥浆溅到车厢的底部。（　　）
2. 吸能区的设置是为了防止发生碰撞后冲击能量直接传递到乘员舱，减少对乘员的伤害。（　　）
3. 车架是汽车的基础，车身和主要部件都焊接在车架上。（　　）
4. 车身主要结构分为承载式车身和非承载式车身两种。（　　）
5. 承载式车身的中柱是车身上的装饰件。（　　）

四、论述题
列举两种车身吸能区布置形式。

 同学们,你是如何理解车身吸能区的设置的?

(二)学习工具准备
教材、白车身、签字笔、便签纸、美工刀等。

四、任务实施

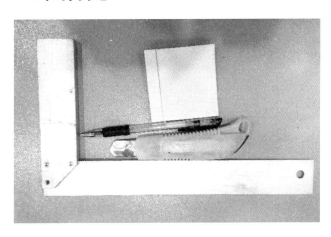

1. 如果是大便签纸,需要裁剪成多个小块,避免浪费。

2. 在便签纸上分别写上"前纵梁、A柱、B柱、C柱、行李箱盖、车门、翼子板、后侧围板。

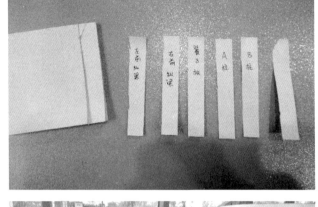

3. 根据便签纸上的名称在车身上找到相应的部件并粘贴在车身上。

4. 完成后将实训工位打扫归位,做好6S工作。

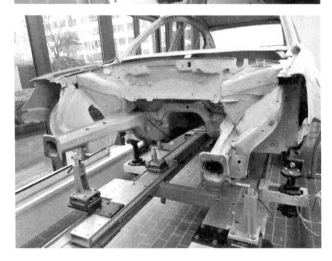

学习任务二　汽车车身材料

一、任务描述

　　车身是由很多种材料的部件结合在一起的整体，在学习维修作业前首先要了解车身部件的材料，才能根据材料选择合适的维修工艺和维修工具设备、耗材。

二、学习目标

　　完成本次学习任务后，你应当能：
　　1. 了解车身上主要使用哪些材质的钢板。
　　2. 了解各种钢材在车身上的应用。
　　3. 掌握汽车各部位强度知识。

三、学习准备

（一）知识准备

　　通过对《汽车钣金基础》"项目一　现代汽车车身结构设计"理论基础的学习，完成下面有关内容：

一、选择题

1. 保险杠的主要功用是防撞，同时对车身进行（　　），起到美化外形作用。
　　A. 美容　　　　　　　　　　B. 装饰　　　　　　　　　　C. 修饰
2. （　　）是用热轧钢板制造的。
　　A. 车身纵梁　　　　　　　　B. 立柱　　　　　　　　　　C. 门槛版
3. 承载式车身上，不是用高强度或超高强度钢制造的部件是（　　）。
　　A. 后侧围板　　　　　　　　B. 保险杠加强梁　　　　　　C. 后纵梁
4. 车身上（　　）不可能是用塑料制造的。
　　A. 前纵梁　　　　　　　　　B. 翼子板　　　　　　　　　C. 保险杠
5. 车身保险杠一般采用（　　）材料。
　　A. 塑料　　　　　　　　　　B. 普通钢板　　　　　　　　C. 超高强度钢
6. 车身上哪个部件可能是用低碳钢板制造的？（　　）
　　A. 中立柱外板　　　　　　　B. 门槛外板　　　　　　　　C. 挡泥板

二、填空题

1. 双面镀锌钢板一般用在车身的下部板件，如_____、_____、_____等部位。

2. 汽车车体的主要材料就是厚度在_____mm的薄钢板。

3. 根据冷间压延的钢板的种类和用途将下列表格填写完整。

种　类	记　号	用　途
一般用	SPC－C	
挤形用	SPC－D	
深挤形用	SPC－E	

三、判断题

1. 金属材料的强度是指其抵抗变形的能力。　　　　　　　　　　　　　　　　（　　）
2. 减振器支座是车身强度最高的部件。　　　　　　　　　　　　　　　　　　（　　）
3. 车身前部需要安装发动机等部件，因此汽车前部车身强度最高。　　　　　　（　　）

四、论述题

目前整体式车身对构件的要求有哪些？

> **思考** 同学们，车身B柱位置为什么要使用超高强度钢？

（二）学习工具准备

教材、白车身图纸、彩色笔。

四、任务实施

1. 准备一张素描的车身图。

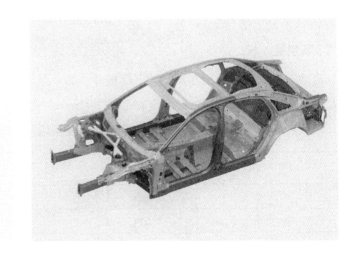

2. 根据车身各部位强度不同涂上色彩并做好图例,如左图所示。

3. 通过颜色的标记了解各种材料在车身上的应用。

学习任务三　车身板件连接方式

一、任务描述

车身是由多个零部件经过焊接、折边连接、螺栓连接等方式拼接在一起的，零部件拆卸时必须了解车身连接方式然后进行板件拆除作业。

二、学习目标

完成本次学习任务后，你应当能：
1. 了解车身板件连接方式的用途。
2. 了解哪些板件可拆除。

三、学习准备

（一）知识准备

通过对《汽车钣金基础》"项目一　现代汽车车身结构设计"理论基础的学习，完成下面有关内容：

一、选择题

1. 电阻点焊属于（　　）的一种，具有焊接时间短、变形小等优点。
   A. 熔化焊　　　　　　　　B. 钎焊　　　　　　　　C. 压力焊
2. 车门内外板通常是用（　　）方式连接的。
   A. 焊接　　　　　　　　　B. 折边　　　　　　　　C. 螺栓
3. 原厂车身中柱内板、加强板、外板是采用（　　）方式连接的。
   A. 胶粘铆接　　　　　　　B. 气体保护焊　　　　　　C. 电阻电焊

二、填空题

1. 折边连接的方法是将一块板件的边先折成一定形状，再将另一块板件_____的方法。
2. 钎焊材料的熔化温度低于450℃的是_____，钎焊材料的熔化温度高于450℃的是_____。

三、判断题

1. 车门是一个独立的总成，一般是通过铰链将车门安装在车身上。（　　）
2. 车身上采用最多的连接方式是焊接。（　　）
3. 行李箱盖内板和外板是通过焊接连接在一起的。（　　）
4. 行李箱盖内板和外板是通过折边连接在一起的。（　　）
5. 自攻螺钉可用于结构件的连接。（　　）

四、论述题

1. 车身可拆卸连接方式有哪些？

2. 车身不可拆卸连接方式有哪些?

同学们,可拆卸连接方式对于后续的维修更换比较方便,为什么还要使用不可拆卸连接?

(二)学习工具准备

教材、实训用车。

项目二 钣金工位布局及基本工具设备

学习任务一 钣金工位布局

一、任务描述

钣金车间实训或教学都必须有外板整形、结合、校正工位。每个工位的设计都必须考虑钣金作业流程、作业标准、足够的作业空间以及工具设备的摆放要求等。

二、学习目标

完成本次学习任务后，你应当能：
1. 了解外板件修复的工位用途和设备要求。
2. 了解结合工位的用途和设备配置。
3. 了解校正工位的用途和设备配置。

三、学习准备

（一）知识准备

通过对《汽车钣金基础》"项目二 钣金工位布局及基本工具设备"理论基础的学习，完成下面有关内容：

一、选择题

1. 钣金车间最低照明亮度为（　　）。
   A. 600 Lux   B. 800 Lux   C. 1 000 Lux
2. 下面（　　）可用作车身校正工位使用。
   A. 6 m×8 m   B. 5 m×6 m   C. 3.6 m×7 m

二、填空题

车身结合工位需要使用_____处理焊接产生的烟尘，保证维修人员的身体健康。

三、判断题

拆件工位只能用来拆卸车身零部件，不能用作其他作业。　　　　　　　　　　　　　（　　）

四、论述题

车身校正工位一般为多大尺寸，为什么这样设计？

> **思考**
> 同学们,为什么整形工位比校正工位多?

(二)学习工具准备

教材、实训用车、校正平台、夹具、测量模具。

四、任务实施

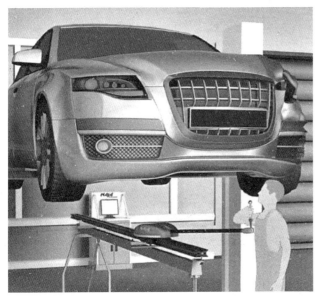

1. 将实训用车移动到拆件工位进行损伤诊断。

2. 拆除影响校正作业的车身附件,安装车身移动溜冰鞋。

3. 将校正平台安装到位。

4. 用牵引器将车辆牵引到校正平台上。

5. 二次举升车辆，安装基准模具。

6. 安装车身夹具。

7. 上架作业完成可开始安装测量模具和进行校正作业。

学习任务二　车身维修工具设备

一、任务描述

为了更加高效地维修车辆、提高维修品质，合理利用车身维修工具是必备的技能，车身维修工具可大致分为车身维修手动/气动工具、车身外形修复机、焊接设备、校正设备等。

二、学习目标

完成本次学习任务后，你应当能：

1. 了解外板件手工修复的设备。
2. 了解车身板件更换需要用到哪些设备。
3. 了解车身校正需要用到哪些工具设备。
4. 掌握车身维修工具设备的使用方法。

三、学习准备

（一）知识准备

通过对《汽车钣金基础》"项目二　汽车钣金工位布局及基本工具配备"理论基础的学习，完成下面有关内容：

一、选择题

1. 剪切外圆应从右边下剪，按（　　）方向剪切，边料会随着剪刀的移动而向上卷起。
   A. 顺时针　　　　　　　　　B. 逆时针　　　　　　　　　C. 边顺边逆
2. 划线针一般是由中碳钢或高碳钢制成，一般要求具有（　　）。
   A. 抗压性　　　　　　　　　B. 耐磨性　　　　　　　　　C. 耐蚀性
3. 二氧化碳气体保护焊机最常用的送丝机构类型是（　　）。
   A. 拉丝式　　　　　　　　　B. 推丝式　　　　　　　　　C. 推拉丝式
3. 外形修复机是通过（　　）把垫圈焊接在钢板上的。
   A. 电弧加热　　　　　　　　B. 焊接余热　　　　　　　　C. 电阻热
4. 用钣金锤敲击时，发力部位是（　　）。
   A. 手臂　　　　　　　　　　B. 手腕　　　　　　　　　　C. 手掌

二、填空题

校正测量系统按照测量原理可以分为_____、_____和_____。

三、判断题

1. 在对动力工具进行修理和维护之前，应先将工具的空气软管或电源线断开。　　　　　　　　（　　）
2. 当用工具进行研磨修整时，应慢慢研磨，避免工具表面的硬化金属过热。　　　　　　　　　（　　）
3. 在用动力设备对小零件进行操作时，可以一手持零件，一手持工具操作。　　　　　　　　　（　　）
4. 车身校正仪是通过液压力量进行修复操作的。　　　　　　　　　　　　　　　　　　　　　（　　）

四、论述题

1. 收缩锤的用途和原理是什么?

2. 列举几种常用的车身修复气动工具。

3. 电阻点焊机主要有哪些结构部件组成?

4. 气动切割锯常用的锯片类型有哪几种?分别有什么用途?

5. 简述电子车身测量系统的优缺点。

同学们,已经有了车身外修修复机,是不是就可以不需要配置手工维修工具?

（二）学习工具准备

教材、车身外形修复机、门板。

四、任务实施

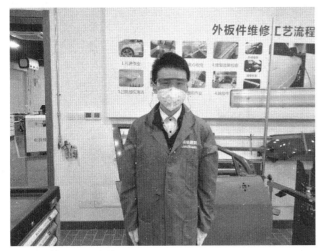

1. 穿戴安全防护装备。

2. 检查车身外形修复机是否完好，外观有无破损、电源线是否有外露破皮现象，排除安全隐患。

3. 连接外形修复机电源。

4. 将介子机电源打开，调节成垫圈模式。

5. 打磨搭铁区域并焊接一个圆垫片搭铁作业（此步骤也可使用大力钳将负极固定，但是大力钳不能夹坏板件）。

6. 参照设备说明书调节焊接电流和焊接时间，焊接需要拉拔的垫圈。

7. 直线焊接垫圈练习。

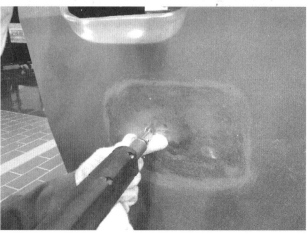

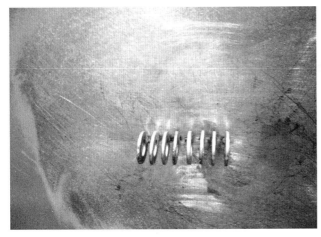

8. 参照说明书练习设备单点修复功能、热收缩功能。

9. 练习完成后整理实训工位，做好6S工作。

项目三　车身损伤诊断技巧

学习任务一　撞击效用理论

一、任务描述

当车辆受到撞击后不仅是撞击部位的变形损坏，其整个车身的部件也可能产生变形，需要学习观察车身受损状况，弄清楚碰撞时车身如何受力，力是如何沿着车体传递，对损伤部位和相关区域的部件进行深入分析，才能确定所有受损部位。

二、学习目标

完成本次学习任务后，你应当能：
1. 了解车身上碰撞力的传递。
2. 了解力的合成与分解。
3. 了解撞击力与损伤程度的关系。

三、学习准备

（一）知识准备

通过对《汽车钣金基础》"项目三　车身损伤诊断技巧"理论基础的学习，完成下面有关内容：

1. 同一辆车以相同的速度撞上固定的物体，其受力跟受压面积的关系是什么？

2. 简单概述车辆正面相互的撞击速度与质量的关系。

同学们,学习撞击效用理论能给我们维修车辆带来什么好处?

（二）学习工具准备

教材。

学习任务二 车身损伤形式

一、任务描述

发生碰撞后车身多少都会有直接损伤和间接损伤，车辆在碰撞后根据不同的损伤形式判断车辆维修范围和维修方法。

二、学习目标

完成本次学习任务后，你应当能：
1. 了解什么是直接损伤，什么是间接损伤。
2. 了解外板件损伤形式有哪些。
3. 了解结构件损伤有哪些。
4. 掌握损伤形式的识别能力。

三、学习准备

（一）知识准备

通过对《汽车钣金基础》"项目三　车身损伤诊断技巧"理论基础的学习，完成下面有关内容：

一、选择题

1. 车门上有一条划痕，其中直接损伤的比例是（　　　）。
   A. 80%　　　　　　　　　　B. 50%　　　　　　　　　　C. 10%～15%
2. 箱形截面工件发生铰折时，弯曲的（　　　）。
   A. 上表面受压力、内表面受拉力
   B. 上表面受向上拉力、内表面无压力
   C. 上表面受拉力、内表面受压力
3. 汽车前部正面碰撞时，碰撞点位置靠下部，后部会向哪个方向变形？（　　　）
   A. 向上　　　　　　　　　　B. 向下　　　　　　　　　　C. 向左或向右
4. 在汽车前端碰撞中，如果碰撞力量没有传递到车身后部，不会发生变形的是哪个？（　　　）
   A. 挡泥板　　　　　　　　　B. 前纵梁　　　　　　　　　C. 地板纵梁
5. 车身板件上拱起变形的类型有（　　　）。
   A. 单曲拱形、复合拱形和双曲拱形
   B. 单曲拱形、多向拱形和双曲拱形
   C. 低拱形、中拱形和高拱形
6. 车辆碰撞时的二次损伤是发生在车内的碰撞，属于（　　　）。
   A. 间接损伤　　　　　　　　B. 惯性损伤　　　　　　　　C. 直接损伤

二、填空题

1. 外板件间接损坏中产生的损坏类型有如下四种：_____、_____、_____、_____。
2. 部分材料受到直接损伤，而使其他部件拉伸或挤压发生诱发性损伤状态，其损伤状态有_____、_____、_____、_____。

三、判断题

1. 车身损伤如果出现直接损伤就一定存在间接损伤。（   ）
2. 由于受损坏部位的尺寸、硬度和位置的不同，所用的修理工具有所不同。（   ）
3. 车辆最初与物体撞击发生的损伤称为一次损伤，由于惯性力而产生的撞击损伤称为二次损伤。（   ）
4. 碰撞点在汽车前部，而同时发生在汽车后部的损伤称为二次损伤。（   ）

四、论述题

1. 什么是惯性损伤？

2. 请列举大事故车损伤状态的种类。

同学们，你是如何识别直接损伤和间接损伤的，你能准确判断吗？

（二）学习工具准备

教材、车门、标签纸、签字笔、锤子。

四、任务实施

1. 学生使用锤子在车门上随便敲打。

2. 对损伤形式进行判断。

3. 将大便签纸裁剪成多个小块,避免浪费。

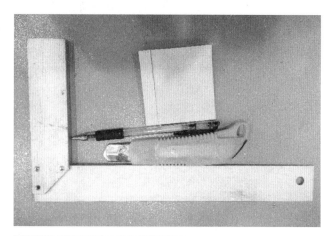

4. 在便签纸上分别写上"直接损伤和间接损伤"。

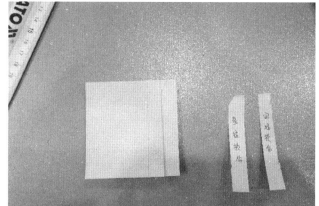

5. 根据便签纸上的名称在身上找到相应的部件并粘贴在车身上。

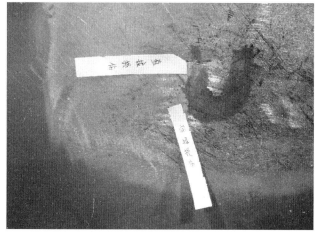

6. 完成后将实训工位打扫归位,做好6S工作。

学习任务三　损伤诊断技巧

一、任务描述

学习损伤诊断技巧能更好地修复车身损伤并恢复到原厂状态，主要学习用外板件目测法、触摸法、测量法、抛磨涂布法对板件凹陷进行诊断；用目视法、装配段差、测量方法诊断结构件损伤情况。

二、学习目标

完成本次学习任务后，你应当能：

1. 了解外板件损伤诊断方法。
2. 了解结构件损伤诊断方法。
3. 掌握车身损伤诊断技巧。

三、学习准备

（一）知识准备

通过对《汽车钣金基础》"项目三　车身损伤诊断技巧"理论基础的学习，完成下面有关内容：

一、选择题

1. 汽车车身碰撞损伤的程度与（　　）有关。
   A. 碰撞接触面积　　　　　B. 汽车行驶速度　　　　　C. 以上全部
2. 把大量精力和时间用在损伤评估上，总的修理时间会（　　）。
   A. 增加　　　　　　　　　B. 缩短　　　　　　　　　C. 不变

二、填空题

1. 目测法诊损伤的原理是_____。
2. 外板件损伤诊断的方法有_____、_____、_____、_____。
3. 根据下列损伤诊断测量出的尺寸判断损伤状态。

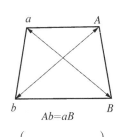
$Ab=aB$
(　　　　)

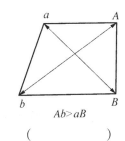
$Ab>aB$
(　　　　)

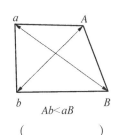
$Ab<aB$
(　　　　)

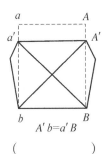
$A'b=a'B$
(　　　　)

三、判断题

1. 在修理中发现一些未被检查到的损伤，可以不重新进行损伤分析，继续修理。（　　）
2. 除目测方式进行诊断外，还应该使用精确的工具与检测设备来测量，评估受损汽车。（　　）
3. 碰撞车辆质量越大，被碰撞车辆的变形越大。（　　）
4. 承载式车身和非承载式车身的弯曲变形是相似的。（　　）

四、论述题

1. 用目测法诊断外板件损伤有什么好处？缺点是什么？

2. 简述多角度观察法诊断车身损伤的步骤。

 同学们，车身维修时测量为什么要做损伤判断？你该如何做？

（二）学习工具准备

教材、受损门板、直尺、手套、套装钣金工具、样规、蜡笔。

四、任务实施

1. 将学生分为4～6人一组进行小组学习。

2. 穿戴安全防护装备。

3. 使用目测法观察损伤,用记号笔标记损伤位置。

4. 用触摸法对门板进行损伤诊断,用记号笔标记损伤位置。

5. 用测量法对门板进行损伤诊断,用记号笔标记损伤位置。

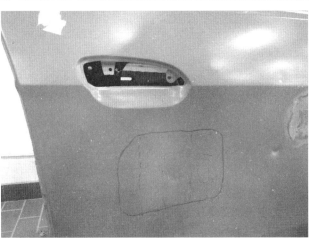

项目四　外板件损伤修复

学习任务一　外板件损伤修复作业流程

一、任务描述

作为一个钣金维修人员，在维修车辆时，维修最多的就是外板件凹陷变形，对于外表面的损伤，若使用不恰当的修复工艺流程，会严重影响修复质量。如车辆车身外板件在修复后，使用过程中出现的渗水、油漆剥落、快速老化、漏风、进灰尘、异响等故障，多数情况是因为使用了不规范的修复工艺而造成的。

二、学习目标

完成本次学习任务后，你应当能：
1. 了解车身钢板维修方式。
2. 了解车身钢板维修作业流程。
3. 掌握整平作业要领。

三、学习准备

（一）知识准备

通过对《汽车钣金基础》"项目四　外板件损伤修复"理论基础的学习，完成下面有关内容：

一、选择题

1. 进行旧漆层打磨时通常打磨工作时用的砂轮片粒度为（　　）。
   A. 60#　　　　　　　　　　B. 80#　　　　　　　　　　C. 120#
2. 铝合金板件敲平操作时一般采用（　　）。
   A. 火焰法　　　　　　　　　B. 实敲法　　　　　　　　　C. 虚敲法
3. 板件变形后，在弯曲部位强度会（　　）。
   A. 增强　　　　　　　　　　B. 不变　　　　　　　　　　C. 下降
4. （　　）会使钢板产生延展。
   A. 锤子在垫铁上轻敲
   B. 缩火作业
   C. 锤子在垫铁上重敲
5. 有一个拱起的损伤，正确修理方法是（　　）。
   A. 先从最低点进行修理
   B. 先从最高点进行修理
   C. 先从中间进行修理

二、填空题

1. 汽车外板件维修工艺如下表所示，请将表格内容填写完整。

维修作业	手工工具作业	缩火作业	外形修复机作业	补锡作业
适用范围		在整形修复作业中，车身钢板出现延展的、刚性降低的车身部位	手工锤击较难完成的车身部位或者封闭的车身外部结构	① 小变形的下护板 ② 钢板较厚，不易以熔植点焊机整平且内部为封闭结构，无法以手工工具整平的部位 ③ 车体容易腐蚀的部分 ④ 接合后不平整部位
应用区域	前部翼子板、后部翼子板的后部、后部围板、车顶、被拆卸了的车门、发动机舱盖、行李箱盖等车身部位		后部轮楣、装饰未经拆除的车门、A柱、B柱、C柱、车门槛、车顶的边框	

2. 将钢板维修程序填写完整。

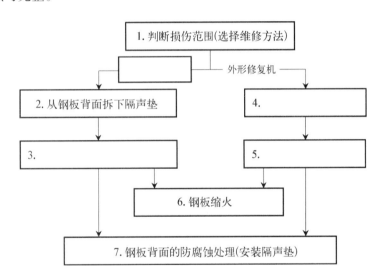

3. 使用钣金锤敲击修复钢板表面时，敲击的角度必须与板面形成的夹角，敲击点必须在钣金锤锤面的_____。
4. 使用钣金锤敲击钢板维修时，有哪两种敲击方式_____、_____。
5. 防锈处理作为底材处理最后一道工序非常关键。在汽车漆面修补作业中，最为常用的防锈底漆是_____、_____。

三、判断题

1. 金属板上有一块凹陷，应用锤子在垫铁上敲击的方法校正。（ ）
2. 部分更换外板件时，可以在任意位置进行切割。（ ）
3. 锤子在垫铁上的敲击法可以修理板件上的拉伸区损伤。（ ）
4. 车门护板轻微损坏后，只要它不影响门的功能，可以继续使用。（ ）

四、论述题

简要概述外板件维修作业流程。

同学们,板件维修过程中应该注意什么?

（二）学习工具准备

教材、全套钣金修复工具设备、安全防护用品、制作好损伤的门板。

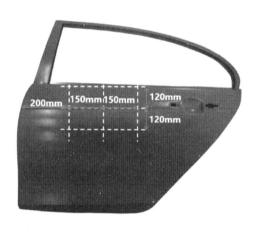

四、任务实施

1. 正确穿戴个人安全防护用具

操作人员必须正确穿戴个人安全防护用具,包括防尘口罩、耳塞、棉手套等。

项目四 外板件损伤修复 29

2. 门板损伤判定

（1）目视判断（侧向判断）。

利用钢板上折射的光线来判断损伤范围和变形的程度。在此阶段测量操作区域和周围的零件是非常重要的，一旦实施维修之后，很难判断正确的损伤区域，若没有维修到真正的损伤区域，将造成喷涂面不平整。

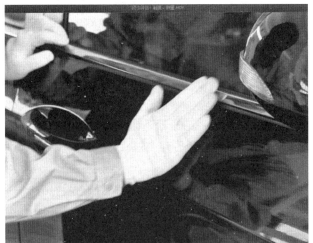

（2）用手触摸判断。

通过手部以米字形方向触摸损伤区域，通过触摸面板的感觉，从而判断、监测车身面板的弧形和平整度。注意不要施加任何力量于你的手掌上，并且要专心注意手掌心的感觉，为了正确判断小的凹陷，你的手掌必须覆盖较大的面积。

（3）用钢直尺判断。

对于单曲面的车身钢板面，可以先将钢直尺放置于未受损的钢板面，检测出钢直尺与钢板面的间隙，再将钢直尺放置于受损的钢板面，以判断受损与未受损的区域间隙间的差异，相对于其他方法而言，该方法（测量法）更能定量地判断损伤区域的损伤程度。

除了判定受伤部位的损伤情况，要需要判定弹性变形和塑性变形的区域。

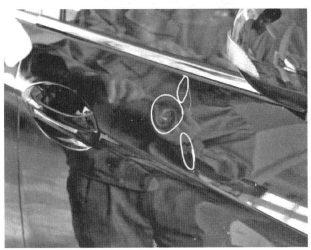

3. 画出打磨区域

确定受损区域的损伤范围后，使用记号笔辅助钢直尺画出需要打磨的区域，同时要在门边处标记出搭铁区域（大小为5 cm×5 cm）。

4. 损伤区域打磨

（1）在打磨作业之前，操作人员必须佩戴护目镜，防止打磨粉尘进入眼部。

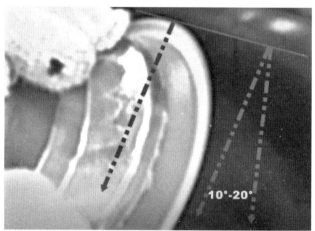

（2）使用气动圆盘打磨机对损伤范围的旧漆膜进行彻底的打磨，开始打磨时，打磨砂轮与金属表面形成10°~20°的夹角（如果损伤较深时，可以使打磨机的角度大些），如右边第二张图所示。在金属受损面积的边缘先进行打磨，再打磨整个受损区域的中间部位，如右边第三和第四张图所示，打磨作业时只需要将钣金件金属裸露出来就可以，同时打磨后的漆面边缘应该平滑，不会留有"台阶"。

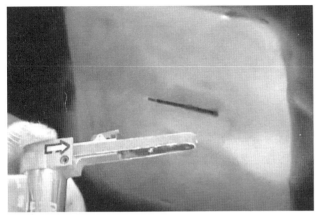

（3）使用圆盘打磨机进行打磨作业时，以手掌压住打磨机即可，不要施加压力过大或者过小，过大会造成板面受力发生新的变形，过小会使打磨速度过慢。

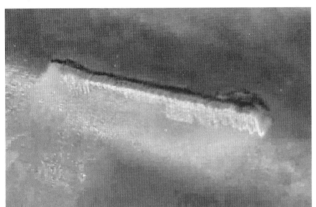

（4）对于受损最为严重的凹陷部位（或是较小的损伤凹处），用圆盘打磨机无法打磨到位，可以更换环带打磨机打磨损伤区域的旧漆层，如左图所示。

（5）打磨后的裸露金属面积要达到受损中心的两倍以上，如受损长度为80 mm，高度方向应该达到240 mm，宽度方向应该达到160 mm。

5. 搭铁区域涂层清除

使用气动圆盘式打磨机，装配上P60或P80砂纸，打磨标记好的搭铁区域（5 cm×5 cm）。

6. 板件清洁

使用气动吹尘枪配合抹布清洁打磨后残留在板件上的粉尘。

7. 释放损伤区域应力

利用钣金锤敲击板件的应力集中区，将手顶铁放置在板件背面的凹陷处，通过虚敲的原理，将板件变形区域集中区的应力释放掉。为了能够准确地判定敲击位置，应该在敲击过程中不断地用手触摸判断。

8. 搭铁线搭铁

调节好大力钳的松紧度，将车身外板件修复机的搭铁线夹持到门板上已打磨好的区域，确保搭铁完好。

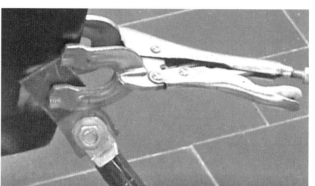

9. 试焊（焊接介子）

在钢板的板面焊入拉拔介子的时候，在选择功率的档位时应该先从最小的功率档位开始试焊，防止产生过度的热量破坏钢板表面的防腐锌层。

焊接介子时，先在车身外板件修复机工具箱中选择一只介子电极头，安装在焊枪上，再在其控制面板上调节焊接模式、焊接电流、焊接时间等参数，然后在焊枪电极头装上介子，把拉拔介子抵在搭铁区域，掌握好力度，焊入拉拔介子，根据焊接的效果调节合适的焊接电流、焊接时间。

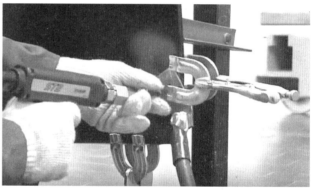

10. 在损伤区域的直接损伤压痕焊接拉拔介子

在试焊正常后，开始在损伤区域的直接损伤压痕植入一排介子，焊接介子开始时，焊枪与介子要与损伤面垂直，并施加一点力，保证介子与损伤面紧密接触，所焊接的介子之间要保持一定的间距，一般为 8～10 mm，且焊接成一条直线。

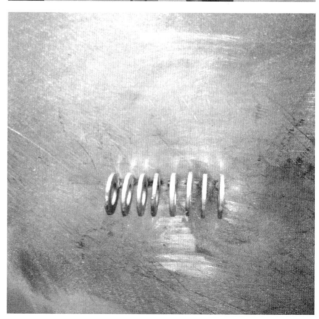

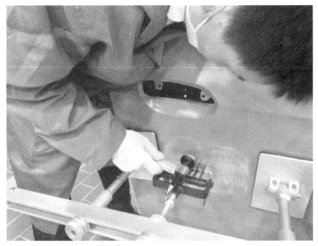

11. 使用快速拉拔器（强力拉拔修正工具组）进行拉拔修复

在焊接完拉拔介子后，串入一根拉杆，安装快速拉拔器并调整固定，缓慢对快速拉拔器进行施力，开始对门板直接损伤凹痕进行整体的拉拔修复，在进行拉拔作业时应该反复多拉几次，并且配合钣金锤敲击来释放板件的内应力。

12. 拆卸拉拔介子

拉拔作业完成后，先取下快速拉拔器，再拆卸门板上焊接的介子。在拆卸介子时，需要有方向性地顺时针或者逆时针转拉取下，不能用力直接拉。

13. 单点拉拔修复

（1）进行单点拉拔修复之前，先检查三角焊片前端是否有焊渣，如果三角焊片前端有焊渣，可以使用打磨机或者锉刀打磨清洁，如烧蚀严重，则需要对三角焊片进行更换。

（2）将带有三角焊片的冲击游锤安装到车身外板件修复机焊枪之上，并用手拧紧。

（3）在车身外板件修复机上选择三角焊片修理类型的档位（焊接模式：STAR等），再调节焊接电流与焊接时间。

（4）在搭铁区域进行试焊和试拉伸，根据焊接的效果准确调节好焊接电流与焊接时间。

（5）在试焊和试拉伸正常后，使用单点拉拔将板面直接损伤区域进行再次拉拔作业，拉拔的角度以90°从板面拉出，拉拔量（力度）不可超过原平面，拉拔间距应该保持在5 mm的间隔。

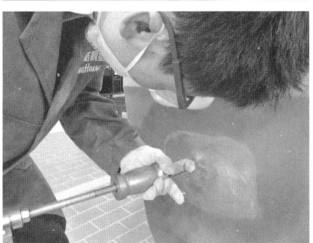

（6）在单点拉拔修复过程中，应该配合钣金锤敲击来释放应力，并用手去触摸修复后的板面，判断是否修复好了。

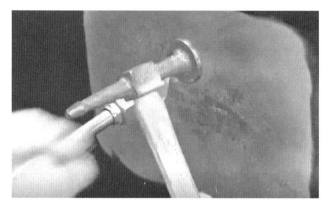

（7）最后使用单点拉拔修复损伤板面的其他凹陷部位。

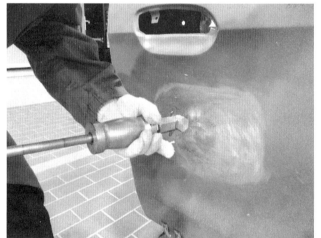

14. 精细修复

在拉拔修复完成后，开始使用钣金整形锤配合手顶铁进行精细修复。在修复的过程中，必须从损伤凹陷边缘开始敲击，然后逐渐向凹陷中心处接近，同时应该保证钣金整形锤的平面与板件的平面一致，以防板件发生新的变形。并且在使用手顶铁时，要注意实托和虚托。

15. 打磨焊接痕迹

确认损伤区域修复平整后，使用打磨机配合P80砂纸打磨去除板件上的焊接痕迹。打磨作业完成后，使用气动吹尘枪配合抹布清洁打磨后残留在板件上的粉尘。

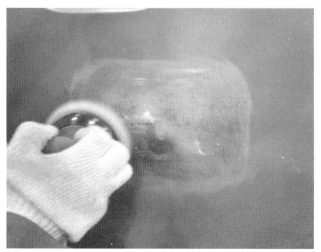

16. 收火作业

（1）使用钢直尺对拉拔整形修复后的板面进行测量，修复部位形状低于原板面高度（≤1 mm），对于低于原板件高度超过1 mm的修复部位应进行再次拉拔整形。

（2）根据修复要求，对局部高点位置或者强度弱的部位应进行收火作业，可以选择铜电极头或是碳棒。

（3）判定板面需要进行收火作业的位置，使用记号笔进行标记。

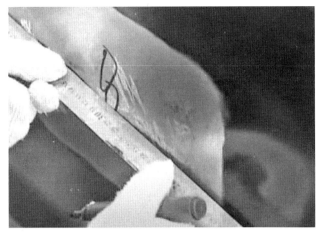

（4）选择铜电极头安装到焊枪上，在车身外板件修复机控制面板上选择对应的档位，如"铜电极头热收缩"模式。再调节合适的焊接电流与焊接时间，在搭铁区域进行收火试验，从而调整更为合适的焊接电流与焊接时间。

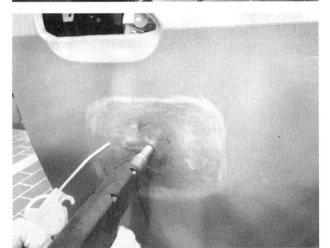

（5）对车门板件标记的收火位置进行收火作业。操作时应该先将铜电极头对准局部高点位置或者强度弱的部位施加一点力使板件发生变形，扣下扳机保持1～2 s，再使用气枪进行急速冷却，冷却的时间保持约5～6 s，以此通过热胀冷缩的原理，将板件拱起的部位进行收缩，直至周围高度一致即可。

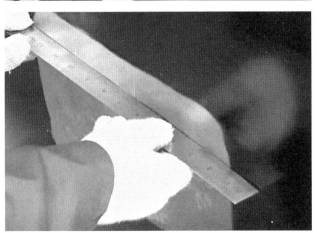

（6）收火作业完成后，通过钣金整形锤配合手顶铁敲击收火区域，以实敲的方式将收火造成的凹凸表面进行整平。

（7）整平作业完成后，使用钢直尺测量修复后的形状。

（8）使用环带打磨机配合P80砂纸打磨去除板件上收火留下的痕迹，打磨作业完成后，使用气动吹尘枪配合抹布清洁打磨后残留在板件上的粉尘。

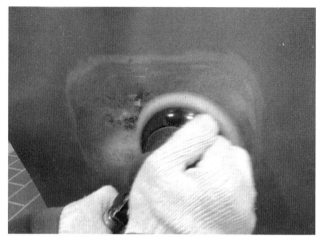

17. 完工检查

（1）使用钢直尺对板面整形修复范围进行测量，确保修复后的板件不平整度误差不超过1 mm，如果超出这个范围就必须重新修平。

（2）使用气动圆盘打磨机配合P120砂纸过渡打磨整个损伤区域，打磨作业完成后，使用气动吹尘枪配合抹布清洁打磨后残留在板件上的粉尘。

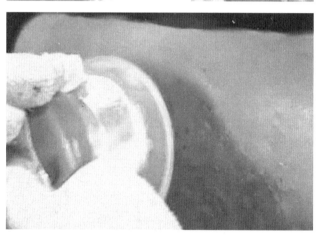

18. 收尾工作

完成后将设备工具放回原处、断开电源，做好6S工作。

学习任务二 外板件整平作业技巧

一、任务描述

经过钣金维修后板面仍然会有不平整现象，例如高点、鼓包、崩弹等现象，这些不平整现象都会造成车身外形发生变化，因此需要进行整平修复作业将板件修复到标准位置，掌握板件整平作业技巧。

二、学习目标

完成本次学习任务后，你应当能：
1. 了解出现不平整现象的原因。
2. 掌握不平整现象的整平技巧。
3. 掌握多种钢板缩火作业方法。

三、学习准备

（一）知识准备

通过对《汽车钣金基础》"项目四　外板件损伤修复"理论基础的学习，完成下面有关内容：

一、选择题

1. 采用气焊焊接金属材料时，（　　）能使钢的性质变脆、变坏，熔池的沸腾现象也比较严重。
   A. 碳化焰　　　　　　　　　B. 中性焰　　　　　　　　　C. 氧化焰
2. 每次进行热收缩的直径范围大约是（　　）mm。
   A. 10～20　　　　　　　　　B. 30～40　　　　　　　　　C. 40～50
3. 对板件进行热收缩时，要先从（　　）开始。
   A. 最高点　　　　　　　　　B. 中间位置　　　　　　　　C. 最低点

二、填空题

1. 板面不平整产生的原因主要是维修过程中所产生的塑性变形，可分为三种：_____、_____、_____。
2. 氧乙炔中性焰氧气与乙炔混合比例为_____。
3. 进行钢板热收缩加热部位钢板温度应大致为_____。
4. 下列图中的缩火痕迹是使用哪种热收缩工具形成的？

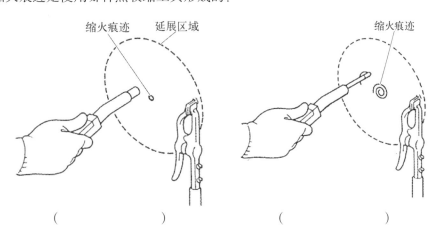

（　　　　　）　　　　　　　　　（　　　　　）

5. 不要多次重复缩火，因为容易造成_____现象。

三、判断题

1. 崩弹是指板面直接凹陷而轻敲凹陷周围即自行凸起，或轻压板面可听到反折的崩弹声。（　　）
2. 处理崩弹区域缩火时，对崩弹区域周围也需要进行加热缩火作业。（　　）
3. 同一个区域多次缩火容易造成高温板件硬化。（　　）
4. 使用氧乙炔缩火后钢板强度会升高。（　　）

四、论述题

钢板产生延展的原因主要有两个，分别是什么?

同学们，维修产生的高点需要进行热收缩作业，低点是否可以直接上原子灰?

（二）学习工具准备

教材、双动作打磨机、车身外形修复机、吹尘枪、车门板或翼子板、个人安全防护用品。

四、任务实施

车身外板件整形修复机配合胶粘作业完成车身钢板的整平。

修复步骤如下：

（1）目视检查车身损伤。

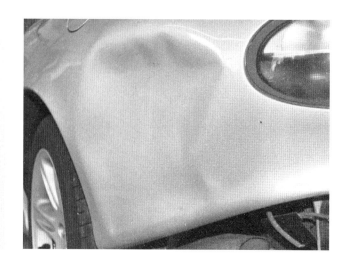

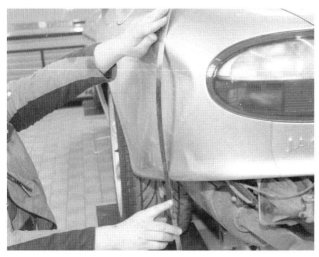

（2）通过钢直尺检查损伤情况。

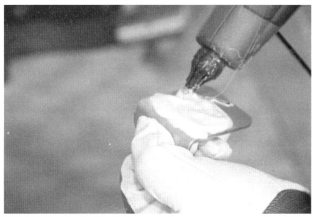

（3）将热熔胶涂抹在拉座上，胶量厚度在2 mm厚。

（4）将涂抹好热熔胶的拉座按在凹坑处，粘牢，等待5 min，热熔胶凝固，在拉座孔洞里穿入拉杆。

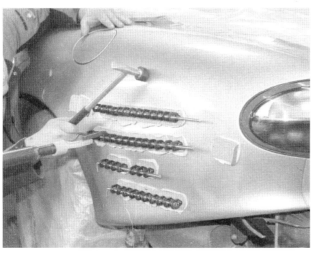

（5）使用气动液压撑杆组进行拉拔作用，再配合钣金锤进行敲击。

(6)放置省力拉杆,计量好车身的变形量,施加力于省力拉杆上,保持住并用钣金锤敲击释放残余应力。

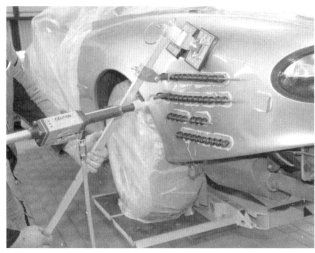

(7)用塑料楔子取下拉座,再使用打磨机研磨凹陷板面的旧漆膜。

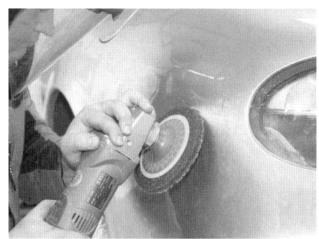

(8)车身外板件整形修复机搭铁作业。

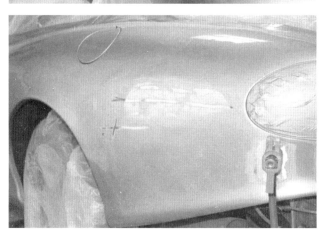

(9)使用快速拉拔修正工具组快速点焊拉拔修复车身板面凹陷。

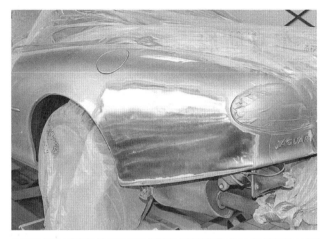

（10）使用研磨机磨平点焊痕迹及整平修复区。

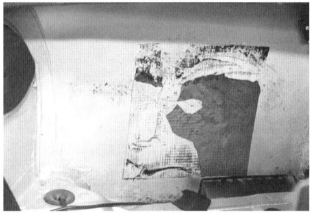

（11）使用防锈剂对修复板件背面进行防锈处理。

（12）修复作业完成。

学习任务三　车身防腐

一、任务描述

进行车身维修后钢板表面防腐涂层受到破坏，车身钢板裸露在空气中，极容易腐蚀车身。要采取防腐措施把各个表面完全密封起来，使金属与大气隔离，恢复车身板件的防腐蚀性能。

二、学习目标

完成本次学习任务后，你应当能：
1. 了解汽车车身防腐原理。
2. 了解车身防腐失效原因。
3. 掌握车身防腐处理方法。

三、学习准备

（一）知识准备

通过对《汽车钣金基础》"项目四　外板件损伤修复"理论基础的学习，完成下面有关内容：

一、选择题

1. 粘合剂的筒嘴要切割成（　　），才能涂抹合适宽度的密封胶。
   A. 30°　　　　　　　　　　B. 45°　　　　　　　　　　C. 60°
2. 车身修复中破坏钢板防腐性能的原因是（　　）。
   A. 形成电化学腐蚀　　　　B. 内部的应力没有消除　　C. 破坏了防腐涂层
3. 在对车身上封闭的门槛板内表面进行防腐处理时，从一端打孔插入喷嘴，要先从（　　）开始喷涂防腐材料。
   A. 离孔最近的地方　　　　B. 离孔最远的地方　　　　C. 孔与最远距离一半的位置
4. 导电底漆可以用在车身（　　）钢板上。
   A. 表面带涂料的　　　　　B. 表面镀锌的　　　　　　C. 裸金属表面的
5. 在车身上涂刷了防腐密封剂后，要到（　　）才能进行涂装工作。
   A. 5 h后　　　　　　　　　B. 12 h后　　　　　　　　C. 密封剂充分干燥后

二、填空题

1. 汽车锈蚀的三个因素：_____、_____、_____，三个因素中缺少任何一个都不会产生锈蚀。
2. 汽车防腐失效的原因有：_____、_____、_____、_____。
3. 车身上常用的密封剂有_____、_____、_____、_____。
4. 环境条件对腐蚀程度的影响有_____、_____、_____、_____。

三、判断题

1. 车身钢板严重锈蚀会影响车身的美观，但不会造成车身强度的削弱。　　　　　　　　　　（　　）
2. 腐蚀会影响车辆行驶性能及使用寿命，但不会影响乘员的安全。　　　　　　　　　　　　（　　）
3. 车身修复中常用的防腐方法是喷涂涂料。　　　　　　　　　　　　　　　　　　　　　　（　　）

4. 车身修复人员要恢复车身上所有碰撞受影响区域的的防腐性能。 （   ）
5. 防腐蚀工作成败的关键是对板件表面预处理的好坏。 （   ）

四、论述题

车用防腐密封剂必须满足什么要求？

同学们，维修完成后，空腔结构防腐该如何操作？

（二）学习工具准备

教材、防腐剂、防腐喷枪、去腊除油剂、擦拭纸、车门翼子板、打磨机。

四、任务实施

（1）穿戴防护安全防护用具，手套、防护面罩、工作服、工作鞋等。

（2）后侧围板拉拔修理后防腐作业，从车尾灯将喷涂管插入进行防腐。

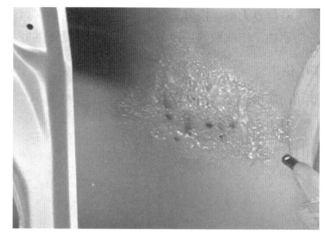

(3) 门板、翼子板等可直接喷涂防腐剂位置进行防腐，这种位置直接用罐装防腐剂喷涂，可减少防腐剂浪费。

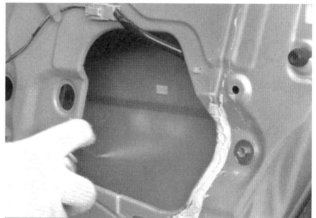

(4) 前纵梁、门槛板等更换后防腐，更换成内腔喷杆（喷头可360°喷射防腐剂），从孔洞中伸入到距离孔洞最远处开始喷涂防腐剂。

(5) 注意：喷出应用表面外的防腐剂会损害漆面，请立即用蘸有汽油等的布擦掉过多的防腐剂。

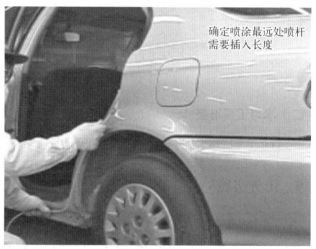

确定喷涂最远处喷杆需要插入长度

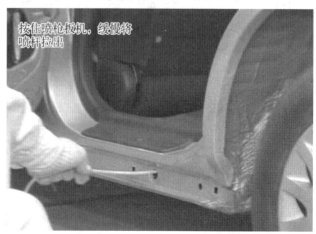

按住喷枪扳机，缓慢将喷杆拉出

项目五　车身板件更换工艺

学习任务一　车身板件分离、切割

一、任务描述
很多部件损坏后需要进行更换维修作业，有些板件可以拧螺钉就进行更换作业，但是很多板件都是采用焊接方式连接在一起的，这时就需要将板件进行切割分离作业。

二、学习目标
完成本次学习任务后，你应当能：
1. 了解车身各种板件的连接方式。
2. 掌握电阻点焊、二保焊分离作业。
3. 掌握车身板件部分更换切割作业。

三、学习准备

（一）知识准备

通过对《汽车钣金基础》"项目五　车身板件更换工艺"理论基础的学习，完成下面有关内容：

一、选择题

1. 钻除焊接式车门铰链的焊点时，要用（　　）mm直径钻头。
   A. 6 mm　　　　　　　　B. 8 mm　　　　　　　　C. 10 mm
2. 最快速拆卸车门外板的方法是（　　）。
   A. 等离子切割　　　　　B. 焊点钻除钻　　　　　C. 砂轮磨削
3. 分离车身上电弧钎焊焊接板件的方法是（　　）。
   A. 砂轮切割　　　　　　B. 钻头切割　　　　　　C. 氧乙炔焊枪或氧丙烷焊枪熔化
4. 用砂轮切割机分离焊缝时，砂轮盘与工件应呈（　　）。
   A. 30°　　　　　　　　B. 45°　　　　　　　　C. 60°
5. 下面分离焊点错误的操作方法是（　　）。
   A. 可以用钻和磨削的方式切割　　B. 不能破坏下层板　　C. 要清理掉所有的焊点涂料

二、填空题

1. 钢剪分为直钢剪、半弯剪、大弯剪，_____供直线及大圆弧曲线剪切，_____供外圆弧曲线剪切，_____供内圆曲线剪切。

2. 焊点分离时清除涂料以后，仍不能看清焊点的区域，可以在两块板件之间_____，焊点的轮廓即可显示出来。

三、判断题

对金属施加外力使其变形，当应力没有超过金属的弹性极限时，金属的变形属于弹性变形。（ ）

四、论述题

1. 原厂车身上电阻点焊使用最多，点焊分离方法有哪些？

2. 修理结构性板件时，当需要切割或分割板件时，应完全遵照制造厂的建议。有些制造厂不允许反复分割结构板件，另外一些制造厂只有在遵循它们的正确工艺规程时才同意分割但是必须遵循什么原则？

> **思考**
> 同学们，第一次碰撞损坏切割更换后，第二次更换维修切割位置如何选择？

（二）学习工具准备

教材、气动切割锯、直尺、划针、长条形实训板件、台虎钳。

四、任务实施

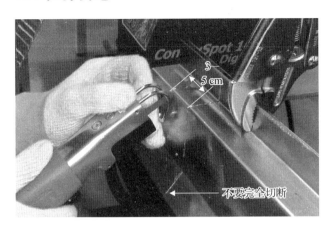

(1) 用直尺测量板件，划分成多个等分，每个等分距离尽量不要小于3 cm。
(2) 用划针在板件上划上切割线。
(3) 将板件固定在车门固定架上。
(4) 使用气动切割锯将板件沿切割线切割，不要完全切断。
(5) 切割完成后板件不要丢弃，应该保存起来，后面焊接练习可继续使用。

学习任务二　电阻点焊的运用

一、任务描述

电阻点焊是原厂车身上使用最多的焊接方式，进行维修作业时如果能使用电阻点焊的方式进行连接，首选就是电阻点焊，使维修品质接近原厂车身。

二、学习目标

完成本次学习任务后，你应当能：
1. 了解电阻点焊原理。
2. 了解焊接质量影响因素。
3. 掌握电阻点焊焊接方法。
4. 掌握焊接缺陷处理方法。

三、学习准备

（一）知识准备

通过对《汽车钣金基础》"项目五　车身板件更换工艺"理论基础的学习，完成下面有关内容：

一、选择题

1. 焊点间距是指（　　）电阻点焊焊点熔核之间的距离。
   A. 两个
   B. 三个
   C. 四个

2. 电极头错位会引起焊接压力不够，造成（　　）不足，降低焊接强度。
   A. 电压
   B. 电流
   C. 电阻

3. 根据焊接位置可分为平焊、（　　）和仰焊三种。
   A. 气焊
   B. 横焊
   C. 立焊

二、填空题

1. 电阻点焊三要素：_____、_____、_____。

2. 在进行电阻点焊作业中，不要只沿着一个方向连续地进行焊接操作。这种方法会使电流产生_____而降低焊接质量。

3. 焊点检查，将錾子插入焊接的两层金属板之间，并轻敲錾子的端部，直到在两层金属板之间形成_____的间隙（当金属板的厚度大约为 1 mm 时）。如果这时焊点部位仍保持正常没有分开，则说明所进行的焊接是成功的。

4. 下面图示焊接缺陷的原因是什么？

焊接缺陷	焊接缺陷图示	原　　　因
焊接熔点太小		
内部的焊渣太多		
气孔		
裂缝		
间隙过大		
断裂		

三、判断题

1. 一般情况，电极头直径增大，焊点直径就减小；反之，电极头直径减小，焊点直径就增大。（　　）
2. 在使用电阻点焊焊机时，压力、电流和焊接时间这三个参数必须相互协调，才能保证焊接的质量和足够的焊接强度。（　　）
3. 压力太大会使焊钳电极压入板件熔化部位，使压痕过深，板件变薄，提高了焊接质量。（　　）
4. 电阻点焊时，两焊点的间距要适当增大。（　　）
5. 在电阻点焊破坏试验中，焊点被破坏说明焊接合格。（　　）

四、论述题

1. 在原有板件上增加第三层板件焊接时，焊接位置的选择有什么要求？

2. 简述电阻点焊原理。

同学们，为什么原厂车身基本都采用电阻点焊?

（二）学习工具准备

教材、双动作打磨机、电阻点焊机、焊烟抽排机、试焊板、除油剂、擦拭纸、游标卡尺、个人安全防护用品。

四、任务实施

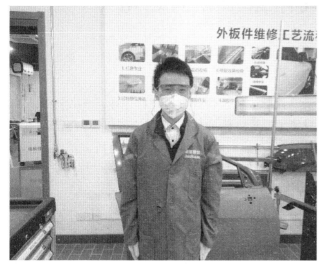

（1）穿戴安全防护装备。

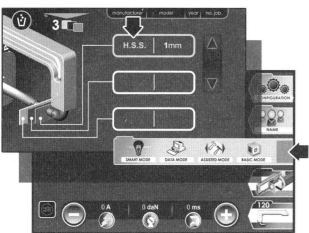

（2）用双动作打磨机将试焊片表面锈蚀等打磨去除。
（3）喷涂除油剂用擦拭纸将表面擦干净。
（4）使用游标卡尺测量两块板件厚度。
（5）将焊接板件厚度及材质输入电阻点焊机，调整焊接电流及焊接压力。
（6）打开焊烟抽排机。
（7）将两块试焊片进行点焊焊接，焊接时焊机操作分两步进行：夹紧→焊接操作。

学习任务三　惰性气体保护焊的运用

一、任务描述

在早期汽车修理中，大多数采用的都是常规的焊条电弧焊或氧乙炔焊进行焊接作业，现代汽车车身构件都广泛采用高强度钢进行制造，特别是整体式车身使用高强度钢的比例甚高，传统的焊接已经不能适应现代汽车的修理要求，现在都采用气体保护焊接进行车身修理，惰性气体保护焊有许多优点，不管是在高强度钢构件及整体式车身的修理中，还是在车身外部覆盖件的修理中，都可以使用气体保护焊。

二、学习目标

完成本次学习任务后，你应当能：
1. 了解惰性气体保护焊接原理。
2. 了解焊接参数对焊接质量的影响。
3. 掌握薄板件焊接操作方法。

三、学习准备

（一）知识准备

通过对《汽车钣金基础》"项目五　车身板件更换工艺"理论基础的学习，完成下面有关内容：

一、选择题

1. 汽车维修焊接中，常用直径（　　）mm的焊丝进行焊接施工。
   A. 0.6　　　　　　　　　　B. 0.8　　　　　　　　　　C. 1.0
2. 进行二氧化碳气体保护焊作业时常见的焊缝缺陷是（　　）。
   A. 裂纹　　　　　　　　　　B. 气孔　　　　　　　　　　C. 夹渣
3. 焊接焊缝较长时，最好先进行（　　）。
   A. 塞焊　　　　　　　　　　B. 对接焊　　　　　　　　　C. 定位焊
4. 在进行惰性气体保护焊作业时，如果出现"咬边"现象，其主要原因是（　　）。
   A. 焊接速度太快　　　　　　B. 电流太大　　　　　　　　C. 焊缝表面不干净
5. 在进行惰性气体保护焊作业时，如果出现"熔化不透"的缺陷，其主要原因是（　　）。
   A. 焊接电流太大　　　　　　B. 焊炬进给速度太快　　　　C. 焊接电压太低

二、填空题

1. 惰性气体保护焊保护气体一般采用氩气和二氧化碳混合气，混合比例为：_____。
2. 进行连续焊时，焊枪应该缓慢、稳定地向前运动，形成连续的焊缝。操作中保持焊枪的稳定进给，以免产生晃动。采用正向焊法时，连续地匀速移动焊炬，并经常观察焊缝。焊炬应倾斜_____。
3. 连续焊在对接焊中的应用。进行对接焊时必须注意（尤其是在薄板上），每次焊接的长度最好不超过_____。
4. 塞焊是点焊的一种形式，它是通过一个孔进行的点焊。在需要连接的外层板件上钻一个孔来进行焊接，一般结构性板件的孔直径为_____，装饰性板件上孔的直径为_____。

三、判断题

1. 二氧化碳气体保护焊焊丝直径根据焊件厚度、焊接直径和生产率的要求等条件来选择。（　　）
2. 二氧化碳气瓶内的气体压力降至小于1 MPa时，应停止使用。（　　）
3. 国家规定二氧化碳气瓶颜色应涂为乳白色。（　　）
4. 按规定灌装后，二氧化碳气瓶内装的全部是气体。（　　）
5. 二氧化碳气体保护焊是明弧焊，因而便于观察熔池。（　　）
6. 二氧化碳气体保护焊适合于全位置焊接。（　　）

四、论述题

1. 焊接时保护气体流量对焊接质量有什么影响？应该如何调节焊接气体流量大小？

2. 简述二氧化碳气体保护焊的优缺点。

> **思考**
> 同学们，为什么焊接时不一次性焊完，要选择分段焊接？

（二）学习工具准备

教材、气体保护焊机、焊烟抽排设备、个人防护用品、车身板件分离切割时使用过的板件。

四、任务实施

(1) 将板件固定在焊接工作台上。

(2) 穿戴好焊接安全防护用品。

(3) 打开焊烟抽排机,防止焊接时烟尘影响健康。

(4) 调节焊接气体流量,标准流量为焊丝直径 ×10 L/min 左右。

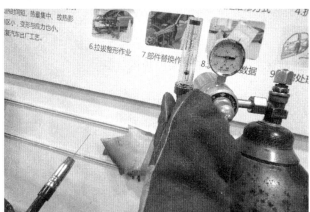

(5) 调节焊接电流。

(6) 对切割开的板件进行定位焊。

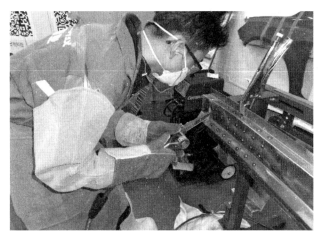

（7）使用环带砂轮机将定位焊点打磨平整。

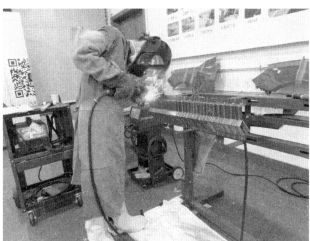

（8）采用分段焊接将焊缝完全焊接。

（9）焊接完成后整理工位，做好6S工作。

项目六 车身测量与校正

学习任务一 车身损伤测量

一、任务描述

对车身维修测量的意义在于它可以对车身整体变形的程度进行认定，做出正确的技术诊断，为制定合理的维修方案提供依据。测得的数据也可以为车身维修的具体操作进行指导，使修复后的车身保持完好的技术状况、工作能力和使用寿命。

二、学习目标

完成本次学习任务后，你应当能：
1. 了解车身损伤测量意义。
2. 了解车身测量的基准面。
3. 掌握车身测量方法。

三、学习准备

（一）知识准备

通过对《汽车钣金基础》"项目六 车身测量与校正"理论基础的学习，完成下面有关内容：

一、选择题

1.（　　）是用于测量车身高度尺寸的平面。
　A. 基准面　　　　　　　　B. 中心面　　　　　　　　C. 零平面
2.（　　）是用于测量车身长度尺寸的平面。
　A. 基准面　　　　　　　　B. 中心面　　　　　　　　C. 零平面
3.（　　）是用于测量车身宽度尺寸的平面。
　A. 基准面　　　　　　　　B. 中心面　　　　　　　　C. 零平面
4.（　　）可在校正过程中进行测量，做到边校正、边测量。
　A. 机械式测量系统　　　　B. 激光测量系统　　　　　C. 电子测量系统
5. 车身数据图的车身侧视图中标有哪些数据？（　　）
　A. 宽度和高度　　　　　　B. 长度和宽度　　　　　　C. 长度和高度

二、填空题

1. 车身测量的基本要素：_____、_____、_____。
2. 车身测量的原则：_____、_____、_____、_____。

3. 车身测量参数确定方法：_____、_____。

4. 参数法测量是以_____作为依据标准。以此数据为标准，对车身的定位尺寸进行测量，可以准确地评估变形及其损伤的程度，是非常可靠也较为常用的方法。

三、判断题

1. 车身测量的误差允许为 ± 5 mm。　　　　　　　　　　　　　　　　　　　　　　（　　）
2. 前纵梁变形后，可使用轨道式量规或者米桥测量系统进行测量。　　　　　　　　（　　）
3. 车身在测量时有两个基准面、一个中心面、一个零平面。　　　　　　　　　　　（　　）

四、论述题

使用伸缩量尺测量时需要注意哪些事项？

>
> 同学们，使用凸面卷尺测量工具有什么优劣势？

（二）学习工具准备

教材、NAJA 3D车身电子测量系统、实训教学用白车身、个人安全防护用品。

四、任务实施

（1）打开系统软件，选择红色圆圈标记的测量选项，然后进入后面的页面。

（2）选择需要测量的汽车品牌,单击右侧"√"确认。

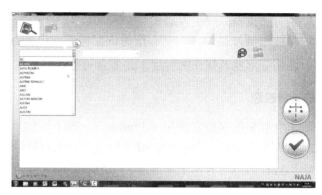

（3）拖动光标选择正确的汽车型号,勾选确认。

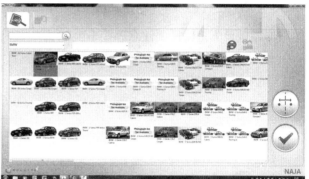

（4）选择需要评估诊断的车辆底盘附件状态（附件不拆、前半部拆、后半部拆、前部拆除）。

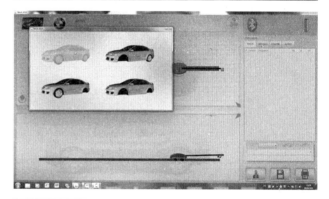

（5）从系统推荐的基准测量点中选出4个基准测量点。

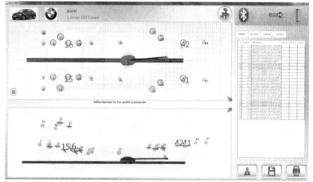

（6）选择第一个基准测量点,根据系统提示选用正确的量头。

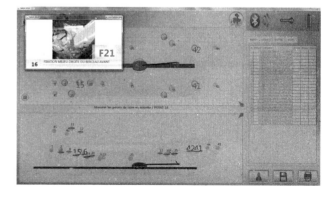

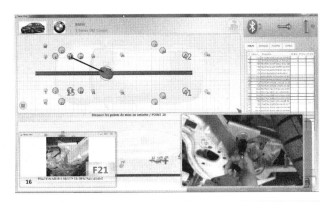

(7)测量第一个基准测量点（根据提示图片找对底盘测量位置）。

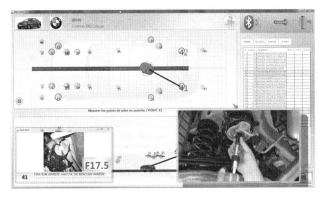

(8)测量第二个基准测量点（根据提示图片找对底盘测量位置）。

(9)测量第三个基准测量点（根据提示图片找对底盘测量位置）。

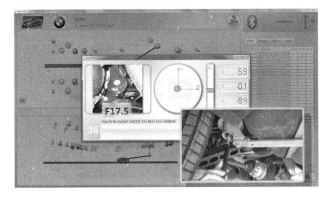

(10)测量最后一个基准测量点，测量正确后系统会出现正确提示。

(11)4个基准点测量定位后，一次测量怀疑变形点如左图"36"点位。

（12）4个基准点测量定位后，一次测量怀疑变形点如右图"35"点位。

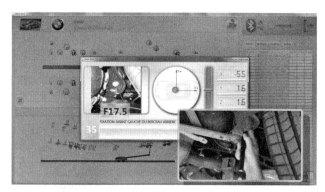

（13）选择测量对称线检测。

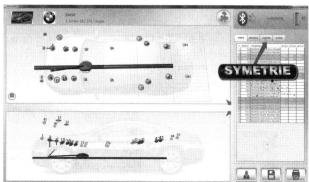

（14）选择要测量的对称点。

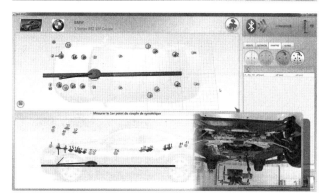

（15）测量选择的第一个选点。

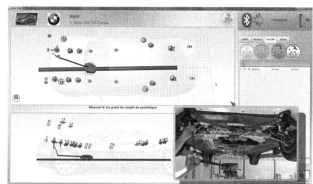

（16）测量相对的第二个选点。

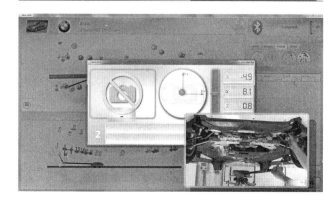

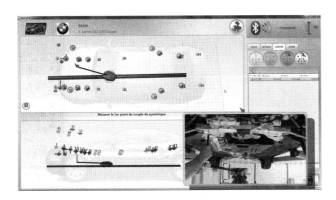

(17)测量第三个选点。

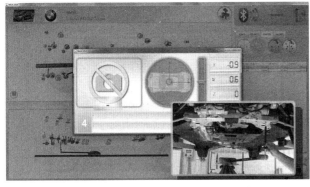

(18)测量最后一个选点,系统会提示完成。

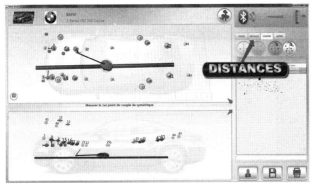

(19)选择对角线测量模式。

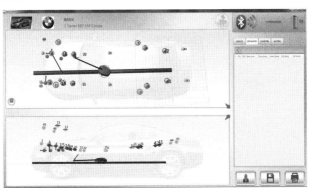

(20)移动光标点点击相对车身纵向测量过的斜对角点。

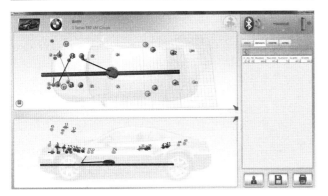

(21)移动光标点点击另外两个相对车身纵向测量过的斜对角点。

(22)选择的4个点确认完成后出现对角线测量数据。

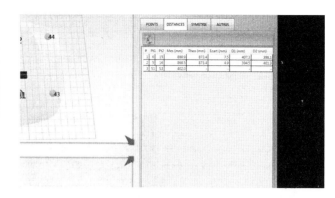

(23)鼠标单击创建信息图标,根据弹出对话框,填写个人信息和车辆信息,完成后确认。

(24)鼠标单击打印维修报告选项,桌面弹出测量数据报告,可直接打印,可另存到测量记录文件夹内,便于留底查看。

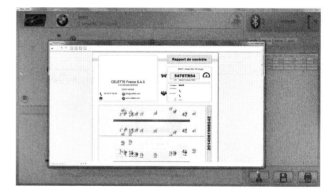

学习任务二 车身损伤校正

一、任务描述

虽然因事故而损伤的车辆看起来都很相似，但是在每件事故中车辆撞击的部位都不同，且车身结构相当复杂，所以没有一辆损伤车是完全相同的。进行车身修复需要具有丰富的理论知识和操作技能。

二、学习目标

完成本次学习任务后，你应当能：
1. 了解车身测量基本原则。
2. 掌握工作计划的制定和维修方式的推理。
3. 掌握损伤维修作业方法。

三、学习准备

（一）知识准备

通过对《汽车钣金基础》"项目六 车身测量与校正"理论基础的学习，完成下面有关内容：

一、选择题

1. 拉伸时，操作人员要站在塔柱的哪个位置？（　　　）
   A. 前面　　　　　　　　　　B. 后面　　　　　　　　　　C. 侧面
2. 对车身进行校正时要遵循什么原则？（　　　）
   A. 先里后外　　　　　　　　B. 先外后里　　　　　　　　C. 里外同时
3. 维修一辆车前端严重碰撞的汽车时，要先校正哪个部分？（　　　）
   A. 散热器框架部位　　　　　B. 车身中部　　　　　　　　C. 前纵梁
4. 拉伸时锤击拉伸部位的板件是为什么？（　　　）
   A. 敲平板件的变形　　　　　B. 消除板件内部应力　　　　C. 防止拉伸夹持部位变形
5. 直接碰撞点应（　　　）修理。
   A. 最先　　　　　　　　　　B. 在中间段　　　　　　　　C. 最后

二、填空题

1. 受损车身进行修复时的基本原则就是_____。
2. 维修前需要制作出明确的工作计划。而制作明确工作计划的重要步骤是_____和_____。
3. _____理论，若应用在车身校正工作（固定或拉拔车身）上，就可实施最佳效率的修理作业。
4. 参数法测量是以_____作为依据标准。以此数据为标准，对车身的定位尺寸进行测量，可以准确地评估变形及其损伤的程度，是非常可靠也较为常用的方法。

三、判断题

1. 力的三要素中任何一个要素发生改变时，力对物体的作用效果也随之改变。（　　　）
2. 在进行车身校正的同时可以进行车内的作业。（　　　）
3. 在校正车身变形时，应按照变形发生的相反顺序进行。（　　　）

4. 当要对有裂缝的车身进行校正操作时,应先将裂缝地方进行焊接。（   ）
5. 在拉伸校正开始之前,应该拆去车上妨碍校正的部件。（   ）

四、论述题

使用伸缩量尺测量时需要注意哪些事项?

 同学们,当车辆发生严重侧面碰撞时,底盘夹具固定不到车身该如何固定?

（二）学习工具准备

教材、白车身/实训用车、实训车模具、车型模具图、个人安全防护用品。

四、任务实施

1. 模具图说明,认识模具图
   具体参见模具图。

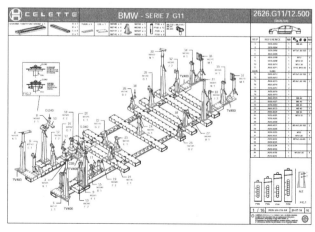

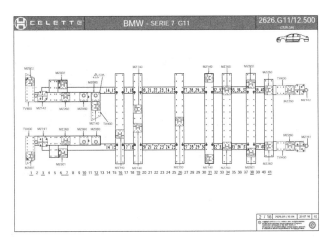

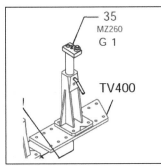 

32	2626.5032	1	
33	2626.5033	1	
34	2626.5034	1	
35	2626.5035	1	

索引说明：
① 车型品牌；② 车系底盘编号；③ 车身状态（车身附件没有轮子表示附件拆除，有轮子表示附件不拆）；④ 车身模具标号；⑤ 模具选用信息；⑥ 横梁以及基座摆放位置；⑦ 基座量头高度选择。

模具摆放说明示例：

MZ基座选用MZ260
立柱选用P220，立柱和MZ基座的连接方式是立柱的G孔洞对应基座的1孔洞
模具量头选用模具号2626.5035

2. 上架定位

使用移动式单柱举升机或双柱举升机将车辆举升，然后将校正台推至车底，安装模具及底盘夹具。

（1）上架作业时最少以4个基准点上架定位。

（2）上架时必须将模具及基座固定在校正台后才可上架定位。

（3）以基准点上架定位后，必须以锚定夹具固定车辆。

3. 安装测量头测量变形点

查看图纸，选择正确的位置、基座、立柱、模具量头，模具量头如能正确对应到车身底盘相应的测量点，则说明被测量的底盘测量点无变形，反之为有变形，需要做校正拉拔作业。

4. 拉拔校正作业。

(1) 在进行拉拔作业时必须将拉拔区域的测量头拆除后才可进行拉拔作业。

(2) 测量头仅作为测量及部件替换使用,不可作为拉拔辅助支撑时使用。

(3) 变形溃缩的零件已经发生塑性变形拉拔校正后需要进行更换作业,切忌不可直接进行更换作业,应先拉拔溃缩区,将延伸区域校正后才可更换新件。

① 新件定位。

② 焊接固定。